W0034352

Rüdiger Stüwe

Gedanken
in der Warteschleife

Ausgewählte Gedichte

Donat Verlag

Bibliografische Information der Deutschen Bibliothek

Die Deutsche Bibliothek verzeichnet diese Publikation in der deutschen Nationalbibliografie; detaillierte bibliografische Daten sind im Internet über http://dnd.ddb.de abrufbar.
ISBN   978-3-949116-24-7

© 2024 by Rüdiger Stüwe
Donat Verlag
Borgfelder Heerstr. 29, D-28357 Bremen
Tel.: (0421) 1733107
E-Mail: info@donat-verlag.de
www. donat-verlag.de.
Alle Rechte vorbehalten
Umschlaggestaltung: Martina Großkopf, Hamburg
Foto: Pixabay
Druck: www.scandinavianbook.de
ISBN 978-3-949116-24-7

Inhalt

Die Gedichte

Quer

Seite

Ausrasten 1	2004	12
Chronisch	2021	13
Corona-Lied	2021	14
Ein Wortbruch ist kein Wolkenbruch	2018	15
Fernweh	2004	16
Gebet eines Journalisten 4	2014	17
Gegen Gleichgewichtsstörungen 2	2008	18
Geplänkel 1	1993	18
Gieraffe 4	2008	19
Goethe to go	2009	20
Holpriger Start	2013	21
Hommage an Handy 2	1996	22
Ich halte	2022	24
Lean life 2	1997	25
Leerlauf 3	2006	25
Lebenshilfe II 1	1993	26
Mond auf Abwegen	2016	27
Morgengrus 2	1996	28
Neusprech	2006	29
Oder Schnee in der Wüste	2012	30
Pontifikat 4	2017	31

		Seite
Querdenker	2020	32
Revoluz-zer	2021	33
Sprochengespreiz 1	1995	34
Stadt - Land	2022	35
Ständige Begleiterin 2	1995	36
Stein und Bein 1	1993	38
Versehen im Azurblau 2	1996	39
Vollmond in der Bretagne 1	1994	40
Wörter umbiegen 1	1998	41
Wunsch an das Leben	2007	42
Zauberspruch 2	1996	42
Zeitfenster	2021	43

Tod sicher

		Seite
Aberglauben 4	2014	46
Asylant 4	2016	46
Autoagression 1	1993	47
Eingeschlossen	2020	48
Ein Lebensdauervergleich	2021	49
Der Krieg	1991/2021	50
Foto von Onkel Kurt 4	2012	51
Gipfelsturm 4	2017	51
Global ins Affental 4	2015	52
Halbiertes Leben 4	2012	53

		Seite
Heimat deine Sterne	2019	54
Immer wieder 3	1998	55
Kellerwärme 4	2005	56
Kuckucksland 3	2006	57
Kunstwerk 2	1997	58
Moin moin 3	2005	59
Schnee im Sommer in S. 2	1999	60
Serienväter	2017	61
Stilles Sterben	2017	62
Trumpeltier 4	2016	63
Tschetschenien Februar 2003	2000	64
Verlust 1	1995	66
Vermisst 2	2005	67
Verordnet für den Tag 2	1997	68
Zeitvertreib 1	1993	69
Zum Schießen 2	1995	70

Ziehbrunnen Seite

Als ich aufwachte 1	1993	73
Alter Kleinstadtnachmittag 2	1997	74
Beim Dorffriseur 2	1997	75
Beziehungskiste 2	2003	76
Ein Vogel wird erschossen	2010	77
Fruchtwechsel 3	2005	78

		Seite
Frühling 1	1998	79
Grenzlaut 3	2004	79
Heidereminiszenzen 4	2018	80
Heino der Klabautermann 3	2000	82
Heute Morgen 4	1996	83
Ideologischer Spaziergang 1	1992	84
Im Antiquariat 1	1990	86
Ja	2023	87
Klasse 3	1990	88
Konfirmation	1974	89
Kreativschub	2020	90
Lebensbuch		91
Oberflächenwechsel 2	1997	92
Radtour 2	1997	93
Seemorgen	1997	94
Selbsterfahrung 4	2017	95
Sonnenuntergänge 1	1993	96
Trennschärfe 3	2004	97
Überlebt 4	2005	98
Unwiederbringlich 3	2007	99
Vernonstreet 2	1996	100
Vom gestrigen Tag	2022	101
Winterlandschaft 1	1992	102
Ziehbrunnen	2005	103
Zikadenbeinchenbogenstrich	2000	104
Zum Schweigen gebracht 3	2002	105

	Seite
Anmerkungen zu einem Gedicht	106
Zu meinen Anfängen	109
Ansichten über Lyrik und ihre Aussichten	145
Gelesene Literatur	160

Die Gedichte erschienen in folgenden Ausgaben

1 „Gartenfrieden", 1995, Scheffler Verlag, Herdecke

2 „........ und lächeln in die Mondkabine", 1999, Verlag Dieter Broschat, Hohenwestedt

3 „Köstritzer statt Klassik – Gedichte mit Widerhaken", 2007, Geest Verlag, Vechta-Langförden

4 „Global ins Affental", 2018, Donat Verlag, Bremen

Die Titel bisher unveröffentlichter Gedichte haben keine Zahl am Ende.

Quer

Ausrasten

auf der Woge des
heiligen Zorns schwimmen
da löst sich das Elfenbein
das Rotlicht wird heller
über dem Wasser
die einsame Lampe
im Sturm verfing sich
ein Igel

Chronisch

Hahn kräht
gegen fünf
und dann
in einer Tour

so regelmäßig
dass es müßig ist
wieder auf ne Mütze
Schlaf zu setzen

Jetzt ein Traum
mit Halsumdrehn!
nicht unangenehm
Hahn kräht
siemuhrdreißig schon
bleibt nur die Frau
neben mir
zu wecken:

Kikerikii!

Corona-Lied
oder Streamingglück zurück

Ich will mein Leben zurück
gebt mir alles
nicht nur Stück für Stück.

Wir sollen nicht mehr
beieinander stehn
keine Freunde wiedersehn
nur weil angeblich Viren wehn
keiner hat sie je gesehn.

Ich will meine Freiheit zurück
jetzt jetzt zurück zurück.

Nicht mehr Freunde nur winken sehn
wir wollen wieder voreinander stehn
von einem Event zum andern gehn
ins wahre Leben auferstehn.

Gebt was uns gehört zurückrückrück
hinein ins schrankenlose GlückGlückGlück.

Ein Wortbruch ist kein Wolkenbruch

Auf einmal sah das Telefon
nicht mehr aus wie ein Telefon.
Ich hatte etwas in der Hand,
das mich mit nichts verband.
Ihr Wortschwall rauschte
an mir vorbei, meine Antwort
ein Krächzen, eine Art von
Stimmbruch.

Fernweh

Von Schiffen leer
verblutet still
in samtner Nacht
am hellen Strand
das schwarze Meer.

(Dem Kommissar kommt ein Verdacht:
menschengemacht.)

Gebet eines Journalisten

Lieber Gott sei bitte cool
und auf die Schnelle stecke
aus deinem großen Wörterpool
mir many Anglizismen zu,

oder mach dass ich mal checke
was ich mit deutschen Fällen tu.
Akkusa-, Da- und Genitiv-
wozu der Zwangsgrammatikmief?

Die alte Hauptwortklauberei
passt nicht zur Global Playerei.
Drum gib mir Kraft fürs Sprachrepair
schick mir compliance, Bull und Bear.

Dann bleib ich dein treuer Writer,
liebe Angels helft mir weiter!

Gegen Gleichgewichtsstörungen

Wenn ich ab und zu
auf einem Bein hüpfe,
finde ich vielleicht wieder
mein Gleichgewicht.

Geplänkel

Ein Buch müsste man sein
bei dir
sagtest du neulich neidisch.
Dieser sorgsame Umgang
wäre auch was für mich.

Wenn du ein Buch wärst
bei mir
entgegnete ich listig
kämst du dir sehr verloren vor
unter den tausend anderen.

Gieraffe

Die Giraffe ganz empört,
hat sich beim Rechtschreibrat beschwert.
Sie kann und will es nicht verstehn:
hinter ihrem i soll ein e bald stehn.

Langer Silbe vorne in Betracht,
sei ein e zur Unterstützung angebracht.
So beschloss der Rat es kurzerhand
und dies ergänzend noch befand:

Jeder sehe nun ganz klar,
Gier|affe sei ein Paar,
ein deutsches noch dazu,
das gebe Schul und Lehrern Ruh.

Kaum kann es die Giraffe glauben,
man will die Identität ihr rauben:
Das Allerschlimmste ist ihr jetzt passiert;
sie ist vom Tier zum Menschen mutiert.

Goethe to go

Es schlug mein Herz geschwind zu Rade
auf meinem Goethewanderpfade.

Über allen Geistern gipfelt Goethe
mit seiner Weltharmonieflöte.

Wem dieser Rummel in Weimar nicht behagt,
der macht zum Ettersberg die Fahrt.

Dort hatte Goethe manchen walk
mit seinem Eckermann im talk.

Er spazierte gern im Buchenwald,
wo jetzt Gott sei Dank die Öfen kalt.

Goethes Geist spukt dort vielleicht herum
begegnet gar dem Häftling Jorge Semprun[1].

Der erzählt ihm vom KZ die Sache,
Goethe von verschlägt es schier die Sprache.

Ich aber mach erstmal ne Pause
trinke cool ne Goethebrause.

1 Jorge Semprun war jahrelang Häftling im KZ Buchenwald. Seinen Erfahrungsbericht darüber veröffentlichte er 1981 in seiner Autobiographie „Was für ein schöner Sonntag". 1994 erhielt er dafür den Friedenspreis des Deutschen Buchhandels.

Holpriger Start

Weinen ist der Anfang
des Lachens.

Auf Stelzen hüpfend
zurück zu sich selbst.

Hommage an Handy

Im Handy nicht auf
dem Rücken der Pferde
liegt das Glück der Erde.

Es flüstert mir an
jedem Ort, oh du,
ein leises großes Wort
in allen Lagen zu.

Im Klo, im Bett
und in der Therme,
selbst auf dem Friedhof
spür ich seine Wärme.

Es fehlt mir nichts
zu meinem Glücke,
wenn ichs mir im Auto
an die Backe drücke.

Oh Handy, mein Handy
was ist mit mir geschehn?
Ich halt dich fest, wir wollen
niemals auseinandergehn.

Doch muss ich einmal wandern
ins kühle Grab hinein,
dann legt mir in die Hände
mein liebes Handylein.

Wird mich dann die Erd
im Sarg umzingeln,
lasst es bitte noch mal
bei uns klingeln.

Ich halte

Abstand
den Kopf schief
mich wacker
den Betrieb auf
mich fest
durch
an
dicht
an mich
mich an mich
den Kopf hoch
mein Gewicht nicht

Abstand
die Luft an
mich nicht grade
Hochzeit
dir die Stange
stand
mich zurück
ein Wort fest
die Uhr an
meinen Mittagsschlaf
Träume fest
Lyrik hoch.

Lean life

Zeit gespart im Überlift
gesammelt Pfeifenberger
mit Computer
Schreibmaschine abgeklappert
kompostiert in Essig.
Olympia vergissmeinnicht
wir reisen mit dem Cursor
internet-gestärkt
nach Chippendale
da braucht man keinen Dudelsack
bei Problemen zieht F9
und abends dehnt die Augenpille.

Leerlauf

Laufen die Bilder
steht mein eignes Leben
still
keuchend wendet sich der Mond.

Lebenshilfe II

Verträume Goran
deine Zeit nicht in der
Stiefelspitze
gib nicht weniger für viel
nimm den Wein nicht als
Gedächtnisstütze
hab´ ein Herz für Sexappeal
lebe wie ein Wiesel
ohne Affenzahn
dreh´ nicht jeden Kiesel
dann bleibst du auf der
Rennebahn.

Mond auf Abwegen

Der gute Mond liegt still im Teiche,
dazu gesellt sich eine Leiche.

Die zog es zu des Teiches Grund,
dort trifft ein Mondstrahl ihren Mund.

Doch sie will vom guten Mond nichts wissen,
als Leiche lieber Fische küssen.

Morgengrus

Ein halber
Morgengruß
bricht zur Seite weg
zu Boden sinkt
unter Halt suchende Füße
im Bus
zum schwarz glänzenden Dreck.

Neusprech

www.moin.de

www.wiegehts.de

www.scheiße.de

www.wohin.de

www.wc-center.de

www.pismorgen.org

Oder Schnee in der Wüste

Wenn du dich umwendest
siehst du vielleicht
einen überdrehten Sonntag
auf den Abend zuhalten,
im Schnee hüpfende Buchstaben
verfolgt vom Sommerbaum
oder Windmühlen in der Wüste
vom Schattenwind bewegt.

Pontifikat

Ponatifikt
Faknittipo
Pinkfiatto
Fittiponka
Opintifakt
Opanitfikt
Opakiftnit
Tintopafki
Oktanpifti
Kintopfiat
Fatikintop
Kitafoptin
Kitafoptni
Nikitatopf
Aktifpoint
Natofiktip

Querdenker

Ich denke oft an corona
an Piroschka gar nicht mehr
mein Sargnagel hin und her
alles durcheinander kreuz und quer
Leibesernst der Bauch die Fülle
Schneider Meck die Gülle
Falfischbauch
ein Blümelein im Ozean
der fliegende Holländer ins All.

„Falfischbauch" ist ein Zitat aus dem Gedicht „etüde
in f" von Ernst Jandl.

Revoluz zer

Heute gibt es lei / der
keine Lampenputzer mehr
auch ist´s sehr schwer
zu sagen wer
ein echter Revoluz / zer.

Ist´s ein Identitä / rer
oder ein grün Angemal / ter
CSU-Politik / ker
vielleicht gar ei / ner
der im Kopfe quer?

Man weiß das gar nicht mehr,
ein neuer Menschentyp muss her
und zwar eine sie oder er
mit ohne Scheißgewehr
dafür einem Schnellkraftkle / ber.

Angeregt durch das Gedicht „Der Revoluzzer" von
Erich Mühsam

Sprochengespreiz

Ausgesprochen hübsch
Ausgesprochen klug
Ausgesprochen blind
Ausgesprochen arm
Ausgesprochen nirgends
Ausgesprochen immer
Ausgesprochen ja
Ausgesprochen neu
Ausgesprochen überflüssig

Stadt – Land

In der Stadt erlebte ich mehr
als auf dem platten Land
wo ich öfter meine Ruhe
doch selten schräge Vögel fand.

Ständiger Begleiterin

Oh nie vergess ich sie
nie
meine Kleine nie
schon lange hab ich sie
wie könnte ich sie hassen
wie?
oder fallen lassen –
nie!
Sie begleitet mich auf allen Wegen
sie blüht und wächst von selbst
ich brauch' sie nicht zu pflegen
nie wird sie mich verlassen
sie ist verlässlich immerdar
geht mit mir durch alle Gassen
klebt an mir wie Hundehaar
sie ist ich
ich bin sie
und nie
niemals lässt sie mich allein
wie ich bin Ich sein
immer denke ich zu Zwein
so bin ich eins in zwei
und zwei in eins
aber trotzdem keins

oh wie vergess ich sie
wie?
Meine klitzekleine
Schi
Schi
Schizophrenie.

Stein + Bein

Am stillen Strand
von Kattenand
da liegt ein Stein im Sand
den noch niemand fand.

In Strande still
bei Nandekatt
da liegt ein Bein im Watt
das niemand will.

In Strandeville
am Kattenhill
da steht ein Steinegrill
mit Bein am Stiel.

Versehen im Azurblau

über dem Hafen Verzelaine
in der Krümmung des Mondes
ein Feld mit Steinen
einst Ackersegen

Vollmond in der Bretagne

Auf dem Weg zur Tafelrunde
ritt im großen Wald ich von Paimpont
wo ich zu vorgerückter Stunde
Erec traf den Chevalier Breton.

Wir saßen an der Mondbar
auf dem kühlen Druidenstein
um uns schwebte eine Elfenschar
und wir tranken Efeuwein.

Die beglänzte Stille war ein Laut
wie Atem der Natur
ich spürte keinen Hauch
in der Nähe schlug die Mückenuhr.

Kalt wurde mir und einsam da
der große Wald schien plötzlich leer
an Stelle Erecs Silberhaar
sah ich Efeu um mich her.

Ich saß auf einem Steine
im weiten Meer allein
Efeu wuchs mir um die Beine
in mein Haar floss Mondenschein.

Wörter umbiegen

Nun wollen wir aber
doch zur Sprache bringen
zwischen den Zähnen
gewandelt gewendelt geweißt
überkopf ins Herz eindringen
da bleibt es
wie es nicht heißt
aber anheimelnd.
Im Backofen
der Gefühle
begradigt umgewidmet
halten wir es warm
bis es niemandem mehr
die Sprache verschlägt.

Wunsch an das Leben

Gib mir
einen Traum
Leben
am Saum meines Morgens
damit ich nicht sterbe
ein Leben lang.

Zauberspruch

Chip
pendale zu Tal
nenne mir die Zahl
zweimal Null ist Bit
und du kommst mit
mit zum Tainmentsaal
Ende aller Denkensqual
Rippe Rippchen Ripp
nun bist du selbst ein
Chip.

Zeitfenster

Ich schaue aus dem Fenster
kann aber kein Zeitfenster
in der Landschaft entdecken.
Ein Hahn kräht laut und lange.

Ich rufe meinen Sohn an,
hat er ein Zeitfenster für mich?
Er weiß nicht wo er mich
unterbringen soll sagt er.

Ich will doch nicht bei dir wohnen
sage ich du verstehst mich nicht
sagt er und zählt mir seine
vier Arbeitsstellen einzeln auf.

Mir bleibt nichts übrig
als nach einem Zeitfenster
unter meinem Dach zu suchen.
Der Hahn kräht noch immer.

Tod sicher

Aberglauben

Es ist kaum zu glauben
aber du glaubst:
Es sind immer die andern
die dran glauben müssen.

Asylant

Als Flüchtling noch ein Schimpfwort war
habe ich davon wenig gespürt.
Erst von meiner Mutter und aus Büchern
weiß ich wie wir uns damals fühlten.

Als Flüchtling noch ein Schimpfwort war
habe ich über andre gelacht
die noch zerlumpter rumliefen
oder Kuschynski hießen.

Seit Flüchtling wieder ein Schimpfwort ist
hat es einen Platzhalter der
die Platzhirsche das Fürchten lehrt:
Sie träumen von Heimatverlust.

Autoaggression

Die Aggression liegt in der Luft
verpackt in die dünne Watte
der verordneten Duldsamkeit.
Sie ist schwer zu erkennen
in den unbewegten Gesichtern
die der Verletzung der eigenen Rechte
entgegenlauern.

Eine verkehrte Bewegung
über den Rand
der gefühlten Grenze hinaus
schon dreht sich das rote Rad
in die Flanke
fährt knirschend dem Feind
meine blitzende Rache.

Eingeschlossen

Den Gedanken die Welt
sei nur für ihn bestellt
ja er allein
sei diese ganze Welt
hat schon mancher geträumt
und damit die halbe Welt abgeräumt
oder saß bald für immer
in einem Einzelzimmer.

Angeregt durch Friedrich Schillers Erzählung
„Der Traum eines lächerlichen Menschen"

Ein Lebensdauer-Vergleich

Den großen Weidenbaum des Nachbarn
gibt es nicht mehr doch mich gibt es noch,
was vom Lebenserwartungsvergleich her
nicht zu erwarten war nun wartet
auf spezielle Behandlung das Holz.

Nach langer Liegezeit wird zum Tisch
Bett oder Sarg es geformt und mich
überleben, der sein Bild des Baums,
einer vorm Winde segelnden Brigg,
mit ins Grab nehmen wird.

Der Krieg

Der Krieg ist übers Abendrot gehüpft
Das wird nicht mehr gebraucht
Der umso mehr

Schwarz tropfte er
In unsere Gehirne
Und breitete sich aus
Ein Tropfen Öl im Wasser

Gerufen haben will ihn niemand
Wenn er jetzt vor uns steht
Groß und mit seinem richtigen Namen:
Tod.

Uns ist kein Mut gewachsen
Gegen seinen eisernen Kern
Hass

Schon das Wetterleuchten in seinen Augen
Erschreckt uns
(Zu Tode)

Und doch verbrüdern wir uns
Immer wieder mit ihm.

Foto von Onkel Kurt

Der Schatten des Helms des
vorbildlichen Soldaten
beschattet auch seine
zu Schlitzen verengten
Augen die in die Ferne
gen Osten gerichtet
scheinen wo schon die

Tellermine auf ihn
wartet wie ein Baum
gefallen sei er wird
sein Hauptmann schreiben
an die Verlobte im
Sommer zweiundvierzig.

Gipfelsturm

Bergab
dem Altersgipfel
entgegen.

Global ins Affental

Ich denke also bin ich
tot Cartesius[1] kriegt auf die Nuss
Verstand auf Eis schnell weg mit
doofen Filosofen
saufen kaufen Haufen
machen lass es krachen
in den stillsten Winkel
jeder muss es hören darf
das Weltkonzert nicht stören
heran heran du fröhlicher
Ackermann wir wolln dich loben
mein Vaterland nicht wanke
nicht durch Denkgedanken kranke -
Tanke! Tanke! Tanke!

[1] „Cartesius" war der lateinische Name des franzö-
sishen Philosophen der Aufklärung Descartes. Ein
Ausspruch von ihm lautet: ‚Ich denke, also bin ich.'
Eine Abwandlung dieses Schlusses durch die Werbe-
industrie lautet: „Ich denke, also bin ich tot."

Halbiertes Leben

Mit schweren Traktoren hänget
Und voll mit Umweltgiften
Das Land in den See,
Ihr lieben Broker,
Und trunken von Gier
Steckt ihr die Finger
Ins heiligflüchtige Kapital.

Weh mir, wo nehm ich, wenn
Werte schwinden, die Arbeit, und wo
Die Wärme,
Und Luft zum Atmen?
Die Bänker stehn
Wortreich und kalt, in der Börse
Fallen die Kurse.

Heimat deine Sterne

Heimatliebe – Heimatdiebe
Heimatfilm – Grün ist die Heide, so grün
wie der Lodenmantel vom Reichsjägermeister
Heimatmuseum – der Bierseidel aus Bayern
Heimatdichter – Mümmelmann
Heimathaus – Heimataus
Heimatstadt – Heimat satt
Heimatherd – Heimatpferd
Heimatbund – Heimathund
Heimatgrund – Heimatschwund
Heimatverein – Altersheim
Heimatland – Heimatsand
Heimatband – Heimathandstand
Heimaterde – Heimatrede
Heimatrede – landGau-Ede
Heimatschutz – Heimatputz
Heimatministerium – Heimat-Mysterium
Heimatindustrie – Gartenzwergli
Heimatrecht – Blutwurst
Heimatfront – Delphine vor
Heimatschuss – Heimat Schluss!

Immer wieder

Der kleine Mut
wächst nicht auf den
Bäumen.

Du musst ihn dir schon
aus den eignen Rippen
schneiden.

Du musst schon das
brodelnde Schweigen
brechen.

Dann schweigt man ein
Unrecht für diesmal
nicht tot.

Kellerwärme

Nach dem Ende des Krieges
gab es Menschen in Deutschland
die litten an Entzug.

Ihnen fehlte die zusammen
schweißende Nähe in den Nächten
als es Bomben regnete.

Kuckucksland

Der polnische Kuckuck
vielleicht war es auch
ein deutscher der mal eben
die Seite gewechselt hatte

– Seitenwechsel sind
in dieser Gegend
nicht ungewöhnlich –
dieser komische Vogel

jedenfalls rief unaufhörlich
als wir die Neiße runterradelten,
einsilbiger Sang
des Königs Ohneland.

Kunstwerk

Jedesmal wenn der
Luftsog eines Autos
darüberzischt
hebt sich das Flügelpaar
des auf der Straße
gekreuzigten Vogels.

Moin Moin

In diesem flachen Land
wo sich Schafe und Briefträger
guten Tag sagen
wo die wilden Kerle wohnen
wo Häuser auf Warften thronen
wo Vögel schrill auf Halligen schrein
wo Hauke Haien einst hauste
wo Heyde[1] untertauchte
wo der Wind durchs Jahr verlässlich weht
jeder Leuchtturm wie ein Wächter steht
in diesem schönen Land
redet man nicht redundant.

[1] Der Euthanasieprofessor Werner Heyde konnte sich bis Ende 1959 unter dem Tarnnamen Sawade in Schleswig-Holstein verbergen. Als er 1964 wegen der Mitschuld an der Ermordung von 100 000 Menschen [in der Regel Behinderter] angeklagt wurde, entzog er sich durch Selbsttötung.

Schnee im Sommer in S.

Der Tod hüpft unwillig um die Ecken
und müde in Sarajewo,
ein Basaltmännlein
mit blutrotem Bart.
Aus seinem Korb schüttet es
Chrysanthemenblütenblätter
über jeden Getöteten.
Von den Bergen um die Stadt
rufen Soldaten mit blauem Helm
Tag für Tag in alle Welt aus:
Es hat geschneit!

Krieg in Bosnien-Herzegowina, 1995

Serienväter

Karl aus der amerikanischen Serie
St. Francisco oder eher noch
Ehrlicher, Paul als Tatort-Kommissar
hätten mir als Väter gut gepasst.

John Wayne
von dem mein Bruder sagte
der mit dem Hängearsch
wäre nicht in Frage gekommen.

Stilles Sterben

Heute waschen Politiker ihre Hände wieder in Unschuld
in übergroßer Betroffenheit.
Problemlöser sei Geduld und nochmals Geduld.
Sie machen die Menschen mit Worten besoffen:
Die Schlepper sind schuld, die Schlepper sind schuld.
Man kann nur auf bessere Zeiten hoffen.

Bilden wir erstmal eine Kommission:
Die macht das schon, dann wird das schon.
Schnellschüsse sind doch meist daneben,
damit rettet man kein einziges Leben.
Wir warten jetzt in Ruhe ab.

Das Mittelmeer wird zum Massengrab.
Und so soll es weiterhin bleiben.
Dafür sorgt Europas hilflos-gezieltes Treiben.
Das Gute scheinbar an der Geschichte:
Uns kommt das Sterben nicht zu Gesichte.

Trumpeltier

Das Trumpeltier
trumpelt dort
und trumpelt hier.
Hauptsache es trumpelt
nicht bei mir,
denkst du hoffnungsfroh.
Doch dem postfaktisch ist nicht so;
es trumpelt überall.
Mit alternativen Fakten
bringst du den all so Beknackten
sicher nicht zu Fall.
Du musst dich schon erfrechen
und ihm dauernd widersprechen
bis dieser Großnarzist
sich voller Wut vergisst.
Wenn du so einem Narzist
auf sein eigenes Ego pisst,
gibt er sich jede Blöße.
Schnell schrumpft seine Größe.
Der aufgeblasene Narzist
entpuppt sich als Faschist.

Tschetschenien Februar 2000

Der Gestank ganz in der Nähe
Von Nowyje Aldy gebracht werden müssen
Diese Säuberungen.

Wieviele Opfer tötet Blut
Auch komplizenhaftes Schweigen
Wird dies gesammelt.

Umgebracht haben nachher
Die harten Jungs aber und Knochen
Das letzte Wort.

Und morgen will niemand diese
Wider vor Ort seinen Wunden
Darunter ein Säugling.

Mit kommen fünf Menschen
Aufgehoben des Blutes ebenfalls
Und lachte schrill.

Auch die 80jährige und eine noch erlag
Im 9. Monat schwangere Frau wurden bald
War einfach unerträglich.

Die Soldaten der europäischen Zivilisation
Wir haben etwas zu tun in einem Topf
Gas gegen Blut.

Anlässlich einer Dokumentation der Frankfurter Rund-
schau vom 27.1.2001 über das Massaker an tschetsche-
nischen Zivilisten in Nowyje Aldy mit dem Titel „Wir
haben die Knochen gesammelt und in einem Topf auf-
bewahrt".

Verlust

Du warst bei niemandem
beliebt.
Ich mochte dich auch nicht.
Nun bist du gestorben.
Wenn ich morgens durch die
Feldmark fuhr
sah ich dich manchmal.
Wir grüßten uns
ansatzweise.
Eigentlich war das mehr
eine gegenseitige Aktion
zur Verhinderung von
Freundlichkeit.
Deine Unfreundlichkeit
wird mir manchmal
fehlen.

Vermisst

Vater spring rein
in den Zauberkreis
die blaue Mauer
hält dich hoch
meinen Eisenhans
über die Wolken
ich fliege dicht hinter dir
ein roter Drachen
der sich festhält
an einem Knopf
deiner Uniform
niemand kann uns sehen.

Verordnet für den Tag

Die morgendliche Tablette
enthält kein Lebenselixier
doch ihre feste Form
macht dich sicherer
gegen den offenen Tag.
Den Eintritt der Spurenelemente
ins Blut
wirst du kaum spüren
vielleicht um zehn Uhr
während du dir gerade den Anschein gibst
ziemlich beschäftigt zu sein
einen Leerschlag des Herzens.

Zeitvertreib

Wenn an den Weihnachtsabenden
die Kerzen am Weihnachtsbaum angezündet sind
schließe ich mit mir Wetten ab
welche am längsten brennt.

Ich stelle mir dann vor
es wäre mein Leben
was da flackert.

Ich spreche ihm gut zu
bewundere seine Kraft und Ausdauer
während ringsum alles zu Ende geht.

Habe ich die richtige Wahl getroffen
hält es lange durch
aber zuletzt verlischt es doch
plötzlich und unerwartet.

Zum Schießen

Das ist ja zum Schießen
lachte der Soldat
über das zitternde
Bündel Mensch an der Mauer
und schoss

es
tot.

Ziehbrunnen

Als ich aufwachte

lag der Mond im Teich
die Morgendämmerung stand
einen Augenblicklang
still
wir
schon bei den ersten Schritten
im Anfang des Ablaufs
aber noch auf der anderen Seite
hellwachbetäubt
in Erwartung
des Krieges vielleicht
überschritten bewusstlos
die Grenze.

Alter Kleinstadtnachmittag

Einer jener
ruhig – leeren
Nachmittage
in S.
als auf der Höhe
der Buchhandlung C.
der karierte Rock
von Frau …
an mir
vorbeiradelte.

Beim Dorffriseur

Der alte Werner
war noch
ein echter Handwerker.
Die Haare fielen
wie gemäht.
Hinterher
der Hinterkopf
eine bucklige Piste.

Beziehungskiste

Ein Mann wäscht
sein Auto
am Sonntagmorgen wäscht er es
trocknet es sorgsam ab
reibt es ein
und putzt es hübsch heraus
so dass sich der Mann
darin spiegeln kann.

Ein Vogel wird erschossen

Das muss 1950 gewesen sein
auf dem Hof der Schuhfabrik P.
Beussi probierte sein Ostergeschenk
ein neues Luftgewehr aus
und wir standen um ihn herum.

Er hatte den Vogel oben in der Eiche
zweimal schon getroffen.
Der saß – ein Häufchen Elend
grau geduckt auf seinem Ast
und rührte sich nicht.

Es dunkelte schon die meisten
von uns hätten längst zu Hause
sein müssen. Ein Mädchen rief:
Das ist gemein. Beussi zielte lange
ein gedämpfter Knall der Vogel fiel

vor unsre Füße in den Staub
jetzt gar nicht mehr begehrenswert
zum Nichts geworden klein und tot.
Ein Spatz nur sagte jemand,
wir verkrümelten uns lautlos.

Fruchtwechsel

Haben die Bäume
ihre letzten Winteräpfel
fallen gelassen,
fangen sie an
Sterne zu tragen.

Frühling

Ein Lachen
das darauf wartet
gehört zu werden
fliegt
durchs offene Fenster
hinaus
und bleibt zitternd
an den Blüten der Bäume
hängen
bis du es

auffängst.

Grenzlaut

Ein Rabe krächzt
das Nebelhorn im Morgenfeld
die Zeit ist aus der Welt.

Heidereminiszenzen

Herbst
braun
Rotkappe

Birken
Wege
weiß

Schafstall
Schafe
Dieden[1]

Wacholder
Abendschreck
Ratzeputz

Kiefern
Kienspan
Bombentrichter

Honig
Kuckuck
Totengrund

abseits

einsam

still

Out of Bounds

¹ So wurde der für Hermann Jakob arbeitende
Schäfer geannt, der mit Vornamen Diedrich hieß.

Heino der Klabautermann

Wenn es nach mir gegangen wäre
hätte der Zug
nie zu kommen brauchen
oder erst nachdem ich das Buch
zu Ende gelesen hätte

auf dem Bahnsteig stehend in S.;
Heino der Klabautermann
als sechzehnjähriger
im Morgengrauen
seiner Mutter ausgebüxt

und nun bei Grönland auf Walfang
Wal ho, da bläst er!
Zischend rauschte
mit weißem Dampfstrahl
das Ungetüm heran.

Heute Morgen

Heute Morgen wenn
das Drittel oder
zwei Fünftel Mondstück
sauber abgetrennt
zwischen Streifen der
Morgenröte klebt
reimt sich bei mir nichts.

Ideologischer Spaziergang

Unsere Münder zermahlen
die Welt in kleine Stücke
wir blasen sie auf und
legen daraus den Sinn
an diesem schönen Morgen.

Ich lasse deine bunten Luftballons
an mir vorüberziehen
greife mir den schillerndsten
mache meine Kette an ihm fest
nun entkommst du mir nicht mehr.

Du redest noch lange
aber ich weiß schon.
Wenn du unvorsichtig
eine Sekunde schweigst
hefte ich dir meine Antwort an.

Unruhig versuchst du
sie dir zurechtzuziehen
aber schon ist es aus
mit deinem ruhigen Redefluss
schneller quellen deine Wörter.

Ab und zu
stößt eines spitz hervor
doch es trifft mich nicht mehr
verzittert ohne Widerstand
zwischen den Kiefernspitzen.

Im Antiquariat

Hier hält
die verstaubte Stille Hof.
Die Bücher mit ihren
goldenen und blassen Rücken
bewachen die vergangene Zeit.
Ab und zu verirrt sich
ein Schatzsucher hierher
verliert vielleicht seinen schiefen Kopf
zwischen den Buchdeckeln.
Dann lassen ihn die Buchstaben
nicht mehr los.

Ja

Ich möchte dass Papa tot ist,
sagte der Enkel zum Großvater
nach heftigem Streit mit seinem Vater.

Dann möchte ich auch tot sein,
sagte daraufhin der Großvater
und fragte, auf eine nahe Schaukel wei-
send:

Soll ich dich anschieben?

KLASSE

Großer Auftrieb
Sonnabendmorgen
Goethegruppen grasen
am Frauenplan

Menschen - Schlangen kriechen
an einer Baugrube
entlang ins Niemandsland
der Bildung

lüstern lauert eine
vor der Anna-Amalia-Bibliothek
ins Paradies jedoch gelangt kaum wer
der Menge bleibt statt Klassik nur das

Köstritzer.

Weimar, im Mai 2003

Konfirmation

Wie werden diese jungen Menschen leben
werden sie gelebt haben wenn sie sterben?
krächzt flügelschlagend der
schwarze Vogel zornig
über die Gleichgültigkeit der Herde.

Da erheben sich wie auf höheren Befehl
die Gemeinten und brausen
Honda Honda
Kawasaki
in ihr eigenes Leben davon.

Anlässlich einer Konfirmation in NRW, 1974

Kreativschub

Etwas Besseres als auf
dumme Gedanken zu kommen
wenn du nicht mehr weiter weißt
kann dir nicht passieren.

Lebensbuch

Ich intressier mer fier
die Biecher nich,
sagte meine Oma,

schenkten wir ihr Bücher
die nichts mit der Bibel
(ihrem einzigen) zu tun hatten.

Sie hatte viel gelitten
in Krieg, Flucht und Zwangsarbeit.

Ich denk immer,
sagte sie,
so e Buch...

Ich hab mehr durchgemacht
wie in die Biecher steht

Oberflächenwechsel

Eine Sekunde lang den Gesichtsausdruck
eines Vorübergehenden
übernehmen
ein Staffelholz
und damit weitergehen,
bis du ihn nicht mehr fühlst.
Vielleicht hat ihn dir inzwischen
ein anderer vom Gesicht gelesen
unbemerkt
seine Halbwertzeit verlängert.

Radtour

Zum Tretorgan verkrümmt
treibst du durch
den Kies
zerknirschst die Stille
des urfugldals.

Ulfborg in Dänemark, Juli 1997

Seemorgen in W.

Ruhiges Wasser
zwischen den Buhnen
einsamer Schwimmer.

Strandkörbe ordentlich
in einer Reihe
Pinguine in Weiß.

Auf der Seebrücke vorn
die Stühle / noch
an der Kette.

Selbsterfahrung

Das kleine Kind
darf nicht
an der Tischdecke ziehn:
du du! Nun läuft es weinend
durch die Wohnung.

Vor dem Spiegel
bleibt es stehn
um sich beim Weinen
zuzusehn.

Sonnenuntergänge

Wenn die Sonne ins Meer fällt
kriegen die Wolken rote Backen
und die Augen Hochkonjunktur
bis sie rote Ränder haben.

Wenn die Leute genug
Sonne im Herzen haben
drehen sie sich schnell um
und tragen sie nach Hause.

Wenn sie aber unterwegs
zuviel davon verlieren
müssen sie am nächsten Abend
noch einmal wiederkommen.

Trennschärfe

Nach dem Ausschalten
fällt
die Stille
auf dich herab,
mit der Guillotine
zurückgeholt aus der
Besinnungslosigkeit.

Überlebt

Heute fand ich mich
im Museum wieder
einen verpuppten Jungen
in einer zu großen Wollhose steckend
selbstgestrickt
oder war sie von Bleyle
mit Hosenträgern natürlich
die schief über das kurzärmlige
helle Hemd laufen
ohne Gesicht
doch erkenne ich mich.
Mein dröhnendes Lachen
lässt die Vitrinen erzittern
täuscht aber niemanden:
Ich gehöre hierher.

Museum für Kunst und Gewerbe, Juli 2003

Unwiederbringlich

Was ich an dir
gehasst habe
wie du streitsüchtig
unversöhnlich immer
auf dem Sprung warst

wünsche ich mir nun
zurück da du furchtbar
friedfertig dasitzt und fremd
mir erscheinst so nah
am Ende.

Vernonstreet

Manchester Old Trafford
Leben vor schmalen
Haustüren.

Ein Auto wird repariert.
Das kleine Kind tanzt
auf der Kühlerhaube.

Zwischen Gerümpel
im Backstein-Hinterhof
eine Wanne mit Blumen.

Vom gestrigen Tag

Der zugige Bahnsteig morgens
diese Blicke auf die Uhr
das Gefühl nicht dazuzugehören
zu dem zielstrebigen Getriebe.
Später noch mehr auf dem Rummel in S.
an / gesichts des anderen Alters-
gewichts und fehlendem
Eventerwartungsgesicht.

Abends auf der Rückfahrt,
unentwirrbares Stimmenknäuel
einschläferndes Geraune
an- und abschwellend
sich über den Tag Verbreitender
unterlegt vom Fahrgeräusch
vertraut aus tausend Zugfahrten,
war die Verbindung plötzlich wieder da.

Winterlandschaft

Die Himmel rühmen auch
noch
die Schneedecke der Erde

Unberührt vom Leben der Städte
liegt sie ein weißes Tuch
und stellt erlesene Gegenstände aus:

Pferdestatuen
frierende Bäume
ein Bauernhaus

Schwarze Maulwurfshügel
alte Badewannen
einen krummen Zaun

Unter dem weißen Tuch
ruht
die erstickte Zeit

Ziehbrunnen

Zur stillgelegten Synapse
in den Irrgarten gestriger Bilder
reise ich zufällig:
Im aufgewirbelten Staub
verband
die Wimpernschlagbrücke
Schatten
deckungsgleich.

Zikadenbeinchenbogenstrich

Dieses Zischen des Wind
gestrichenen Schilfs
auf der Fahrt durch den
Oberlandkanal
bei Maledeuten

wie wenn eine Sense
im Schnittertakt
ununterbrochen
durchs Kornfeld fährt.

Juli 1995, im damaligen Ostpreußen, heute in Polen

Zum Schweigen gebracht

Mit 19 saß ich
an einem schönen Sonnentag
auf einer Bank diese nette alte Frau
neben mir die mir bald bitter sagte
wie alt sie nun schon sei und dass alles
keinen Sinn mehr habe unbedenklich
in meiner guten Laune verharrend
sprach ich ihr furchtbar optimistisch
zu / junger Mann hörte ich da
gut reden haben Sie in Ihrem Alter.

Anmerkungen zu einem Gedicht
(„Moin Moin")

Den Menschen in Schleswig-Holstein wird nachgesagt, sie seien freundlich und aufgeschlossen, redeten aber nicht gerne mehr als das Nötigste. Das gelte, je weiter nördlich man komme, desto deutlicher. Mit einem „Moin" zuviel, könne man sich in Friesland einem mitleidigen Lächeln aussetzen, sagen manche Leute.

Welches denn nun genau der Anlass für mich war, dieses Gedicht zu schreiben, weiß ich nicht mehr. Jedenfalls betrachte ich Schleswig-Holstein ein wenig mit zwiespältigen Gefühlen.

Zunächst einmal ist es ein schönes Land, wie jeder bestätigen wird, der schon einmal die Halligen, die Inseln, die Marsch, die Holsteinische Schweiz gesehen, den weiten, unbeschränkten Blick genossen, die frische Luft geatmet hat, auf den Deichen spaziert ist. Siegfried Lenz hat dies alles in seinem Buch „Die Deutschstunde" beschrieben.

Schon die Landschaft, zu der die Kühe gehö-
ren, strahlt etwas Beruhigendes aus in dem
Sinne: Es war schon immer so und es ist gut,
wenn alles so bleibt, wie es ist.

Es ist auch ein Land mit bewegter histo-
rischer, politischer Vergangenheit. Der Ro-
man „Bauern, Bonzen und Bomben" von
Fallada und auch der oben genannte Roman
verraten einiges darüber. Ein Land, in dem
der „Blut und Boden" Mythos der Nazis auf
fruchtbaren Boden fiel.

Nach dem Zweiten Weltkrieg gab es in
Kiel und Flensburg eine beträchtliche Zeit-
lang Auffangnetze für Nazi-Aktivisten und
Nazi- Verbrecher. Einer von ihnen war der
Euthanasieprofessor Werner Heyde, der sich
lange unter dem Tarnnamen Dr. Sawade ver-
bergen konnte.

Heute ist Schleswig-Holstein politisch-
gesellschaftlich ein ganz anderes Land, nicht
zuletzt durch die deutschen Flüchtlinge
und Vertriebenen des Zweiten Weltkrieges.
In Schleswig-Holstein führte diese Flucht-

bewegung zu einer Verdoppelung der Einwohnerzahl.

Wer heute per Rad oder per pedes das Land erkundet, erfreut sich an der Schönheit der Landschaft, der Freundlichkeit der Leute, und dem ihm zugerufenen „Moin" antwortet er ebenso.

Zu meinen Anfängen

Dem literarischen Schreiben ging bei mir das Lesen voraus. Das bestand, seit ich lesen konnte, zunächst im wahllosen Verschlingen von Heftchen (bei Erziehern als Schundhefte verschrien) und Büchern, die ich in die Hand bekommen und mitnehmen konnte, zum Beispiel aus der dörflichen Leihbücherei M. neben unserer Volksschule in S. Aber so wahllos war das Verschlingen denn doch nicht. Es gab die ganz frühe Periode, in der sich meine Aufmerksamkeit vor allem auf Hefte mit den eisenharten, eiskalten Westernhelden Billy Jenkins und Tom Prox richtete. Daneben, mit zunehmendem Interesse, Indianerbücher mit Titeln wie Tecumseh, Wildtöter, Der letzte Mohikaner. Zu lesen bekamen wir damals aus diesem Genre in der Regel keine Originalausgaben, sondern Nacherzählungen, „Bearbeitungen" .

Geblieben ist bei mir bis heute das Interesse an Erzählungen über Indianer und andere diskriminierte, benachteiligte, unterdrückte und vernichtete Völker. Dazu gehören die Bücher „Begrabt mein Herz an der Biegung des Flusses" von Dee Brown, „Onkel Toms Hütte" von Harriet Beecher-Stowe, die autorisierten Ausgaben der Bücher von James Fenimore Cooper und die Romane von B. Traven.

Meine frühe Empathie für Benachteiligte und Bedrängte ist vielleicht durch eigene Erfahrungen von Nichtbeachtung und Geringschätzung in der Kindheit bedingt. Wir (meine Mutter mit meinem Bruder und mir) waren unter dramatischen Umständen 1945 aus Ostpreußen geflüchtet und in der „neuen Heimat" zunächst überhaupt nicht willkommen. Zu der Zeit waren mein Vater und sein Bruder schon in Russland „gefallen". Im Fühlen und Denken ergriff ich Partei für ungerecht Behandelte, Schwächere und damit für mich. Ich erinnere mich an ein Gespräch mit meinem zwei Jahre jüngeren Bruder. Es kann etwa 1950 gewesen sein. Wir unterhielten uns, unterwegs im Dorf, über ein Indianer-Buch. Es ging um einen Entscheidungskampf zwischen den „Rothäuten" und weißen Siedlern. Der Häuptling der Indianer befindet sich in aussichtsloser Lage und stimmt in der Nacht vor seinem Untergang eine Totenklage an. Am nächsten Tag wird er „hinterlistig" (so ich) durch den Anführer der Weißen getötet. Mein Bruder war angetan davon, wie raffiniert der Weiße den Indianer zur Strecke gebracht hatte. Ich versuchte ihm klarzumachen, der Untergang der Indianer sei höchst ungerecht, da sie ihr Land verteidigten und an Zahl und Qualität ihrer Waffen hoffnungslos unterlegen seien. Ungerechtigkeit war ein Schlüsselwort, besser: ein Schlüsselgefühl für mich. Zu den Büchern, die mich fesselten, gehörten auch die Romane von Karl May. Natürlich las und beguckte ich auch die von unseren Lehrern gehassten Bilderheftchen (Micky Mouse), aber nicht mit solchem Interesse, dass sie ein Lehrer in meinem Ranzen bei seinen Kontrollen hätte finden können.

Manche Bücher hatten nach meiner Erinnerung und meinem heutigen Empfinden eine so große Wirkung und übten einen so großen und nachhaltigen Einfluss auf mich aus, dass ich sie heute Begleit- und zum Teil sogar Befreiungsbücher nennen möchte.

Sie befreiten mich zeitweise aus meiner realen Welt, in der ich mich wegen angeblichen Fehlverhaltens, mangelnder Schulleistungen, frechen Widersprechens (sogenannten Widerworten; Widersprechen allein galt damals schon als frech) ungerecht behandelt, bestraft erlebte. Nicht wenig machte mir in der christlichen Gesellschaft, in der ich lebte, auch mein schlechtes Gewissen zu schaffen, mit dem ich herumlief, weil ich daran glaubte, dass der liebe Gott alles sieht und ihm meine heimlichen Schandtaten nicht verborgen geblieben sein konnten. Meinen mich bedrückenden, manchmal niederdrückenden Gefühlen entfloh ich oft in die Bücherwelt, so oft, dass ich, gedanklich abwesend, zu hören bekam: Junge, wo hast du bloß deine Gedanken! Oder, zur Freude meines Bruders, ich sei ein zerstreuter Professor. In Wirklichkeit befand ich mich in solchen Augenblicken vielleicht grade an der Seite des Helden meines Buches oder ich stellte mir vor, wie ich unter Einsatz meines Lebens ein kleines Kind gerettet hatte und nun den Dank der glücklichen Eltern entgegennahm und mich von meinen Mitschülern bewundert und aller Welt geachtet sah. Alle sahen mich nun in einem anderen Licht, so wie ich wirklich war.

Zum Glück hatte ich schon als Kind ausser viel Phantasie fast überoptimistisch zu nennende Erwartungen in der Beziehung anderer Menschen zu mir und in die Entwicklung und in den Erfolg von geplanten Unternehmungen, bei denen ich mitmachte. Im Alter von 10 Jahren ging ich einmal mit Freunden in Richtung unseres Bahnhofs. Es kam der Plan auf, ein Floß zu bauen, mit dem wir den hinter dem Bahnhof liegenden Teich erkunden wollten. Einige Bretter hatten wir schon und einen großen Flugzeug-Benzinkanister in Aussicht. In meiner Vorstellung verwandelte sich der zerbeulte Kanister in ein blitzendes Boot, mit dem ich uns schon auf dem „See" auf Erkundungsfahrt sah. Von dem Plan war nie wieder die Rede, und die anderen wunderten sich und konnten sich kaum erinnern, wenn ich sie ab und zu deswegen ansprach. So manches Vorhaben, von mir erwartungsvoll als Abenteuer ausgemalt und angesehen, verlor seinen Glanz durch die realen Ge-

gebenheiten. Mein Vermögen, die Realität in einem anderen Licht zu sehen, womöglich aufzuhellen, meinen Vorstellungen und Träumen anzupassen, ist auch heute noch nicht verschwunden.

Zu den Büchern, die mir diese Fluchten aus der Wirklichkeit ermöglichten, gehörte das Buch „Sigismund Rüstig" von Frederik Marryat, das ich 1949 von der mit uns befreundeten Familie E. bekam. Frau E. war eine strenggläubige evangelische Christin, die mit ihrem Sohn und ihrer 12-jährigen Tochter aus Stargard in Pommern geflohen war. Ihr Glaube wird der Grund gewesen sein, dass ich das Buch von ihrer zum Zeitpunkt 14-jährigen Tochter Esther zu meinem 10. Geburtstag geschenkt bekam; denn die weißen Protagonisten dieser Robinsonade sind tiefgläubige Christen, die sich von Gott bei all ihren, oft lebensbedrohlichen, Abenteuern beschützt glauben, seinen Namen dauernd im Munde führen, auch beim reihenweise Erschießen der mit Pfeil und Bogen, Speeren und Messern attackierenden Eingeborenen mit ihren „Feuerwaffen".

Das alles schien mir beim Lesen des spannenden Buches natürlich.

Mein Interesse galt vor allem der Gestalt, dem Schicksal des Titelhelden Sigismund Rüstig, einer idealen Identifikationsfigur für mich, der ich ohne Vater aufwuchs und ständig nach Vätern Ausschau hielt. Als Rüstig am Ende, vom Messer eines „Wilden" tödlich getroffen wird und mit Gottvertrauen in eine bessere Welt eingeht, füllten sich meine Augen mit Tränen. So lösten sich manchmal Spannungen und Verkrampfungen, in die ich geraten war.

Ähnlich bewegend wirkten die Bücher „Robinson Crusoe" von Daniel Defoe und „Heino, der Klabautermann" von Wilhelm Poeck auf mich.

In dem zuletzt genannten Buch galt meine Sympathie dem 16-jährigen Heino, der seiner Mutter in Hamburg ausbüxt und auf einem Walfänger als Schiffsjunge anheuert. Seine Abenteuer miterlebend, sehe ich mich noch heute auf dem Bahnsteig in S.

stehen und das Buch lesen, bis unser Zug nach F. kommt. Nach langjähriger sporadischer Suche habe ich dieses Buch (Erscheinungsjahr ca. 1948) 2014 in einem Saarbrücker Antiquariat aufgetrieben und noch einmal gelesen. Nach meiner Meinung ist es für eine Neuauflage nicht ungeeignet, nicht nur wegen der guten Zeichnungen und der Liste von erklärten Fachausdrücken und Wörtern aus der Seefahrt und dem damaligen Alltag, sondern auch weil es seinen Lesern einen realistischen Blick in eine vergangene Epoche aus der Perspektive eines damals lebenden Jugendlichen vermitteln kann.

Das oben beschriebene Leseerlebnis habe ich 50 Jahre später in einem Gedicht versucht wiederzubeleben.

Heino der Klabautermann

Wäre es nach mir gegangen
hätte der Zug
nie zu kommen brauchen
oder erst nachdem ich das Buch
zu Ende gelesen hätte
auf dem Bahnsteig stehend in S.

Heino der Klabautermann
als Sechzehnjähriger
im Morgengrauen
seiner Mutter ausgebüxt
und nun bei Grönland auf Walfang
Wal ho, da bläst er!

Zischend rauschte
mit weißem Dampfstrahl
das Ungetüm heran.

Aus: Köstritzer statt Klassik-Gedichte mit Widerhaken,
2007

Wunderbare Gelegenheiten zu meinen Fluchten aus dem Alltag erlaubten mir auch Bücher wie „Märchen der Romantik", „Grimms Märchen" und mein Rübezahl-Buch mit den im Riesengebirge (Schlesien) spielenden Märchen.

Die Welt um mich herum versank und ich verschwand in den Büchern, als hätte ich mich „weggebeamt". Lesen und dabei alles andere vergessen. „Junge, warum bist du nicht draußen!", rief meine Mutter einmal. Es schneite zum ersten Mal richtig stark in jenem Winter. Große Schneeflocken fielen dicht an dicht, ein weißer Vorhang. Die anderen waren längst mit und ohne Schlitten unterwegs. Ich hatte gelesen und nichts davon bemerkt. Leben hatte für mich auf den Seiten des Buches, in mir stattgefunden.

So wie es Karl Krolow in den ersten Zeilen eines Gedichts seines Gedichtbandes „Nichts weiter als Leben" beschreibt:

Lesen

Ich habe alles
liegen gelassen.
……...
Meine Erinnerung endet
am Rande des Buches.

Meine erste Begegnung mit Versen fand in der Kirche statt. Man musste die auf der Liedertafel angezeigten Lieder mitsingen. Das Rüstzeug dazu gab es im Fach Religion in der Schule, in Form vom Auswendiglernen der Gesangbuchtexte als Hausaufgabe. Am Reformationstag ging es klassenweise in die Kirche. Was ich da sang, verstand ich nicht genau, tiefere Empfindungen lösten die Verse nicht selten dennoch in mir aus.

Eine Berührung durch Dichtung erlebte ich auch beim Lesen meiner „Märchen der Romantik". Die Märchen, teilweise mit Versen von Eduard Mörike und Clemens von Brentano versehen, trafen auf meine Bereit-

schaft, in eine geheimnisvolle Welt einzu-
tauchen. Der Zauber nahm mich gefangen.
Mir fällt dazu das Märchen „Nussknacker
und Mäusekönig" von E.T.A. Hoffmann ein.
Das Geschehen machte mir Angst, und als
der Untergang des Nussknackers besiegelt
schien, zitterte ich mit klopfendem Herzen
um ihn. Diese romantische Märchenwelt
zog mich an, brachte aber noch nichts zum
Klingen in mir. Das geschah erst mittels ei-
ner glücklichen Verbindung von im Deut-
schunterricht kennengelernten Gedichten
und meiner Vorliebe, allein zu Hause Lied-
texte und Gedichte laut mit besonderer Be-
tonung zu sprechen. Mit viel Gefühl las ich
„In einem kühlen Grunde da geht ein Müh-
lenrad" oder „Am Brunnen vor dem Tore da
steht ein Lindenbaum".

Ich versetzte mich mitunter so stark in
die Stimmung des Gedichts hinein, dass
ich selbst wehmütig wurde und mir Tränen
in die Augen traten oder ich, von einer Art
Weltschmerz erfüllt, den Kopf auf die Arme
legte. Da ich im Unterricht wenig Scheu
zeigte, Texte zu lesen, kam ich bei entspre-
chenden Gelegenheiten oft dran. Beson-

ders gut kam meiner Bereitschaft entgegen, mich in eine bestimmte Stimmung zu versetzen, Wörter klingen zu lassen oder ein wenig Dramatik in meine Stimme zu legen, wenn ich Gedichte wie „Abseits" von Theodor Storm, Balladen wie „Nis Randers" von Otto Ernst oder „John Maynard" von Theodor Fontane vorlesen durfte.

Viele Jahre später begegnete ich beim Suchen nach einem geeigneten Mikrofon in einem Fachgeschäft dem Sendeleiter des Hamburger Lokalradios Michael Kittner. Wir kamen ins Gespräch und er ermöglichte mir, im Hamburger Lokalradio eine eigene Sendung einzurichten und zu moderieren. Meiner Sendung gab ich den Titel „15 Minuten für die Lyrik". Von 2003 – 2018 hatte ich nun die Gelegenheit, einmal in jedem Monat Gedichte von mir ausgewählten Poeten zu bestimmten Themen im Radio zu lesen und zu besprechen. Etwas Besseres hätte ich mir als Lyrik-Freund nicht wünschen können.

Mein Schreiben begann mit Notizen über mich selbst, meine Erfolge, Erlebnisse und Ansichten. Die ersten befinden sich in meinem „Komm-mit!"-Kalender des CVJM von 1954. Meine Eintragungen bezogen sich vorrangig auf meine schulischen und sportlichen Vorhaben und Ergebnisse, waren stark leistungsbezogen. Eintragungen wie die folgende im Oktober 1954 bilden eine Ausnahme: „Adenauer scheint es erreicht zu haben, daß unsere Kriegsgefangenen heimkehren. Wir wissen noch nicht welcher Preis dafür gezahlt werden muß." Das hört sich sehr nach einem Zeitungszitat an.

Es überrascht mich insofern nicht, als ich sehr früh politisch interessiert war und auch schon früh einen politischen Standort hatte (Du wolltest immer diskutieren, sagte bei einem Treffen ehemaliger Heimschüler ein Zimmernachbar von damals zu mir, hinzufügend, es dürfe unter uns jetzt auf keinen Fall über Politik gesprochen werden).

Im Juni 1961 begann ich Tagebuch zu schreiben. Es ist anfangs nur eine Sammlung von Inhaltswiedergaben der von mir gelesenen Bücher und gesehenen Theateraufführungen. Seitenlange Zusammenfassungen mit eingestreuten eignen Meinungen. Ich las damals Bücher wie das mich erschütternde „Du hast mich heimgesucht bei Nacht" (Abschiedsbriefe und Aufzeichnungen des Widerstandes 1943-45) von Helmut Gollwitzer. Sehr aufmerksam las ich Karl Jaspers „Einführung in die Philosophie". Mein besonderes Interesse galt der Existenzphilosophie, die mich auch zum Nachdenken über mein eigenes Leben anregte. Ich entnehme das banalen schriftlichen Notizen wie *Carpe diem!* oder *Man muss sich vergessen, um zu sich selbst zu finden, denn dadurch, dass man sich vergisst, findet man Harmonie.* Ich musste die Bücher nicht kaufen, da ich Kurse an einer Heimvolkshochschule besuchte und Zugang zur Bibliothek der Schule hatte.

Mit meinem ersten Studienjahr (1963) verändert sich der Themenkreis meiner Eintragungen. Entsprechend meiner Studienrichtung (Germanistik) werden die Themen gezielt literarisch. Im 3. Programm des Saarländischen Rundfunks lief eine Reihe guter Literatursendungen. Es begann am 3.10.1963 mit der Besprechung der Romane von James

Joyce und Samuel Beckett. Ab März 1964 schrieb ich Sendungen mit von Walter Höllerer über „Der Augenblick im Roman", Ernst Bloch über „Zufall und Möglichkeit" und Robert Minder über „Die Rolle Hölderlins in der deutschen Literatur". 1965 erlebte ich einen Auftritt von Günter Grass in der Stadt Saarbrücken. Er las Gedichte. Ich erinnere, dass seine Bemerkungen über das Braten Grüner Heringe besonderen Anklang fanden. Diese und ähnliche Beschäftigungen waren Erholung für mich, während mich das eigentliche Studium (der älteren Germanistik) mit seinen Grammatiken und Texten in Gotisch und Althochdeutsch und vor allem das Lateinpauken zur Erlangung des Großen Latinums sehr beanspruchten und von der modernen Literatur entfernten.

In meine Eintragungen schlichen sich nun zunehmend solche über Bekannte und Freunde sowie andere Alltagsbeobachtungen, wie Auffälligkeiten, gehörte Sprachfetzen, merkwürdige Namen und Ansichten, Selbstbeobachtungen und Charakterisierungen: *Auf Sylt hast du den Wind aus erster Hand* (auf einer Geburtstagsfeier gehört); *Rechtsanwalt*

Dr. Mörder (Das Schild sah ich in Freiburg.); *K. spricht nachdrücklich. Er fügt ans Ende seiner Sätze häufig ein Weißt du wie ich das meine? Oder Hast du verstanden? Als fürchte er, man könne sich nicht vorstellen, wie er das meint.; Das Fühlen des eigenen Gesichtsausdrucks.; Die Frauen wollen nur gießen.* Diesen zuletzt notierten Satz stieß ab und zu ein Saarbrücker Verkäufer von Pferdewürstchen vor dem Saarbrücker Bahnhof hervor (ca. 1964).

Einige aufgeschnappte Äußerungen und beobachtete Merkwürdigkeiten verarbeitete ich viele Jahre später zu Gedichten, wie auch das folgende:

Wassersegen

Die Frauen wollen nur gießen
sagte der Mann
von der Pferdewürstchenbude
vorm Saarbrücker Bahnhof
vor dreißig Jahren
in einer Tour,
schon im voraus sauer
über den zu erwartenden
Wassersegen seiner Frau
auf sein Grab.

Küsse wären ihm lieber als Güsse
dachte ich, einen Blick auf die
blonde Frau am Nebentisch werfend.

Aus: Global ins Affental, 2018

Während meines letzten Studienjahres (in Hamburg 1969) ging ich häufig zum Schwimmen ins Kaifu-Bad. Mein Weg führte mich an einer kleinen Buchhandlung vorbei. Im Schaufenster lag unübersehbar, aufgeschlagen die von Friedrich Beißner herausgegebene Ausgabe der Werke Hölderlins. Ich blieb fast jedesmal stehen und betrachtete sie. Gekauft habe ich sie aber nicht. Gekauft habe ich ein anderes Buch, das mich im richtigen Augenblick „traf". Es traf mich so, als würde ein Vorhang vor mir weggezogen und mein Blick fiele auf etwas, von dem ich wusste: Das ist es, das bist du! Es war dieser Moment als ich die ersten Gedichte in Karl Krolows Suhrkamp-Bändchen „Ausgewählte Gedichte" (1962) las. Auf dem gelben Papierumschlag vorne steht noch immer mit Bleistift geschrieben, nun schon leicht verwischt:

So wie ich es sehe, höre
rieche, fühle und glaube!

Erworben habe ich den Gedichtband wahrscheinlich 1970/71 in der Buchhandlung Busse, dort wo sich heute die Heinrich-Heine-

Buchhandlung befindet. Der Kauf fiel in die Zeit, in der ich nach schriftlichen Ausdrucksmöglichkeiten für eigene Erlebnisse und Empfindungen suchte.

So finden sich in meinem Tagebuch folgende Notate:

Die lichte Festung am Himmel
Der Rauch steht wie angenagelt
Das habe ich schwarz auf weiß gehört.

Und darüber steht ein Gedichtversuch, der mich heute in seinen unbeholfen-plumpen Formulierungen berührt:

In meinem Zimmer
hängen Bilder mit Schiffen
Mit denen fahre ich ans
andere Ufer   indirekt
wenn die Wolken
meiner Seele erblühn.

Das Wort „andere" unterstrich ich mit einer Wellenlinie und schrieb „indirekt" an den Rand. Vermutlich war mir bewusst, dass ich mit dem anderen Ufer nicht die konkrete

Wortbedeutung meinte. Mir fiel aber keine passendere Bezeichnung ein. Ich hatte, ohne es zu bemerken, eine Metapher benutzt.

1979 nahm ich an einer Beerdigung teil. Am folgenden Morgen stand ich früh auf, um einige Notizen zu diesem traurigen Ereignis zu machen. Nach wenigen Minuten stand ein Gedicht auf dem Papier, das mir auf Anhieb gefiel und an dem ich bis heute nichts verändert habe.

Es steht so in meinem ersten Gedichtband (Gartenfrieden, 1995):

Beerdigung

Die schwarze Reihe steht bereit
gemessenen Schrittes den Blick gesenkt
bewege ich mich auf die weniger und
mehr Betroffenen zu
drücke fest Hände blicke wissend
in erkennbare Leere
entschlossen mittrauernd.

Dann trage ich mich in das
schwarze Buch ein
spüre wie Alltagsgeschäftigkeit
meine grade gefundene
ideale Trauerlinie
beeinträchtigt.

Doch in der Kapelle steht der
Dirigent des Trauerspiels
bereit die schwankenden Gefühle zu ordnen.

Ein gottgewollter und letzten Endes
wohlgefälliger Lebenslauf
wird in Gebete und Orgelmusik
eingebunden
und an der vorbereiteten Stelle gemeinsam
abgelegt.

Schon als ich frühstücken ging war klar, ich würde mit dem Schreiben weitermachen und mein mit Schwung begonnenes Mundharmonika-Spiel zurückstellen. Damals war mir nicht bewusst, dass dieser neue Anfang eine weitere entscheidende Wende in meinem Leben sein würde. Die erste hatte darin bestanden, dass ich den Kaufmannsberuf aufgegeben und mich mit allen Kräften bemüht hatte, auf dem Zweiten Bildungsweg zu einem Hochschulstudium zu gelangen. Ohne dass ich es mir als tägliche Erinnerung auf meinen Schreibtisch stellen oder in mein Tagebuch eintragen musste, war das Schreiben von Gedichten zu einer mein Leben begleitenden, teilweise verändernden, sinngebenden Aufgabe für mich geworden.

Ich habe mein Leben auch vorher nicht als sinnentleert empfunden. Familie, Lehrerberuf und Freundschaften füllten mich aus. Aber jetzt war etwas hinzugekommen, das immer in meinem Hinterkopf war, so ähnlich wie bei anderen ihr Glaube an Gott. Ein Journalist des Hamburger Abendblattes überschrieb nach einem Interview, das er anlässlich des Erscheinens meines dritten Lyrikbandes (Köstritzer statt Klassik) mit mir geführt hatte, seinen Artikel mit dem Titel: „Ein Mann glaubt an die Lyrik". Ja, aber nicht in dem Sinn, dass ich glaubte, mit dem Schreiben von Gedichten könnte man die Welt verändern. Es ist viel einfacher. Lesen und Schreiben können zu einer anderen Weltsicht führen, eröffnen neue Perspektiven, verschaffen Blicke hinter die Kulissen.

Es ist ein unmerkliches L a n g s a m e r w e r d e n. Man nimmt Dinge wahr, die belanglos erscheinen, aber es nicht sind. Mir fällt als Beispiel dazu eine Floskel ein, die man häufiger hört: Alles gut! tönt es manchmal freundlich an der Kasse des Supermarktes. In Wirklichkeit ist gar nichts gut, wenn ich auf diese Weise wie ein Kleinkind beruhigt werden soll, weil ich etwas zu lange und hastig in meiner Geldbörse nach Kleingeld suche. Nach meinem Empfinden steht hinter der harmlos-helfend erscheinenden Bemerkung oft die Befürchtung von Tempoverlust.

Zweifelhafter Zuspruch

Es kursiert ein neuer Spruch
in unserer Republik
der verdient réplique:

Wer ihn spricht steht gut da,
wem er gilt der scheint gaga,
also kriegt er / Eiapopeia.

Ob er will oder will nicht,
aus dem off es zu ihm spricht:
Alles gut, alles gut, mach zu!

(2020)

Man hat als Lesender und als Schreiben-
der die Chance, näher an sich selbst her-
anzukommen und so vielleicht auch andre
Menschen mit anderen Augen zu sehen,
differenzierter wahrzunehmen, ihnen offe-
ner zu begegnen. Es gibt die sprichwörtliche
Redensart „Wer schreibt, der bleibt." Wer's
glaubt, wird selig, würde meine Mutter sagen.
Ich setze dagegen auf: Wer liest und schreibt,
bleibt näher bei sich selbst.

Von den Gedichten Karl Krolows sprang ein Funke auf mich über. Gedichte hatte ich auch schon vorher ausgiebig gelesen. Während des Studiums in Saarbrücken hatten es mir die Gedichte von Andreas Gryphius angetan. Diese Gedichte sprachen mein Gefühl an, vielleicht weil sie so deutlich die ständige Bedrohung der menschlichen Existenz vor Augen führen, widerspiegeln und so formvollendet sind. Eines der schönsten, ein Sonett, habe ich mir eingeprägt.

Ich zitiere hier die erste Strophe seines Gedichtes „Abend":

Der schnelle Tag ist hin, die Nacht
schwingt ihre Fahn
Und führt die Sternen auff. Der Menschen
müde Scharen
Verlassen Feld und Werk, wo Thier und
Vögel waren,
Trauert itzt die Einsamkeit. Wie ist die Zeit
verthan!

Seit meinen Schreibanfängen habe ich viele Gedichtbände gelesen oder teilweise gelesen. Zu den ersten zählten die von Uli

Becker, Rolf Haufs, Hugo Dittberner und Michael Buselmeier. Ihre Gedichte bestärkten mich darin, mit meiner Anschauung und Ausdrucksweise auf dem richtigen Weg zu sein. Beeinflusst in meiner Schreibweise haben mich anfangs die Gedichte von Erich Fried. Das erkenne ich sehr deutlich in meinen politischen Gedichten, die ich in den ersten Jahren schrieb. Hier folgt eins, dass ich anlässlich der Nachrüstungsdebatte 1981 verfasste und das mir angesichts des Ukraine-Krieges heute ebenso angebracht erscheint.

Militärisch-politische Logik

AUFRÜSTUNG ist notwendig, sonst sind wir
wehrlos.
NACHRÜSTEN müssen wir, weil der Russe
VORGERÜSTET hat.
WETTRÜSTEN kann man das nicht nennen,
denn unser
RÜSTUNGSPOTENTIAL ist viel kleiner als das
vom Osten und RÜSTUNGSINDUSTRIE
schafft Arbeitsplätze außerdem.

ABRÜSTEN –
müssen zuerst die anderen.

Gerne las ich auch Gedichte von Guntram
Vesper, die mich wahrscheinlich anregten,
den Blick gezielter auf meine mit Erinne-
rungsbildern aus meiner Kindheit und Jugend
verknüpften inneren Landschaften zu richten.

Alter Kleinstadtnachmittag

Einer jener
  ruhig – leeren
  Nachmittage
    in S.
      als auf der Höhe
        der Buchhandlung C.
        der karierte Rock
          von Frau ….
            an mir
              vorbeiradelte.

Aus: ... und Lächeln in die Mondkabine,1999

Gut gefielen und gefallen mir die Gedichte von Rolf Dieter Brinkmann, wie er darin anderer Menschen Alltag ins Visier nimmt und dabei die lebensnahe alltägliche Sprache nicht aus den Augen verliert (s. seine Gedichtbände „Westwärts 1&2" und „Standfoto").

Möglicherweise hat der leider durch einen Verkehrsunfall in London früh ums Leben gekommene Brinkmann seinerseits Anregungen durch die Gedichte des amerikanischen Poeten William Carlos Williams erhalten. Williams Gedichte zu lesen (auch im Original keine unzumutbare Beschäftigung), lohnt sich für jeden an Gedichten Interessierten. Er schrieb bewusst über die gewöhnlichen Dinge und Menschen in alltagsnaher Sprache. Diese Art Gedichte zu schreiben, zudem mit ihrer bewunderten Lakonie, sprang nach Europa über. Auch in Deutschland ist das Alltägliche in der Poesie schon lange nichts Ungewöhnliches mehr.

In der Auswahl der Themen meiner Gedichte habe ich mir keine Beschränkungen auferlegt. Ich nehme auf, was mich berührt. Zahlreiche meiner Gedichte und Geschichten sind Erinnerungen, Verdichtungen und Ergebnisse von, manchmal nur flüchtigen, Wahrnehmungen, die mir erst später plötzlich nachdenkenswert erscheinen. Das kann mal ein momentaner Einfall sein, eine Imagination oder eine Verbindung aus beidem, ein andermal ein Erinnerungsbild. Manchmal sind es Zeitungsnotizen, aktuelle Ereignisse oder Katastrophen wie die Corona-Epidemie oder die Empörung über einen Krieg. Gerne nehme ich Gelegenheiten zu sprachspielerischen Experimenten oder surrealen Exkursionen wahr.

Ausrasten

auf der Woge des
heiligen Zorns schwimmen
da löst sich das Elfenbein
das Rotlicht wird heller
über dem Wasser
die einsame Lampe
im Sturm verfing sich
ein Igel

Aus Gartenfrieden, 1995

Ein Wort gibt das andere

Du hast ein Wort
fallen lassen
es fällt aber nicht
wird kein gefallenes
Wort jemand dem es
nicht gefällt fängt es
auf vor dem Fall und
macht einen Fall daraus
einen Wörterfall der
dich in dein eigenes
Wort fallen lässt.

Aus: Global ins Affental, 2018

Querderker

Ich denke oft an Corona
an Piroschka gar nicht mehr
mein Sargnagel hin und her
alles durcheinander kreuz und quer
Leibesernst der Bauch die Fülle
Schneider Meck die Gülle
Falfischbauch
ein Blümelein im Ozean
der fliegende Holländer ins All.

„falfischbauch" ist ein Zitat aus dem Gedicht „etüde
in f" von Ernst Jandl.

Vom Lesen zum Schreiben. Damit ist der Vorgang für den Poeten noch nicht beendet, es sei denn er schreibt nur für die Schublade. Vom Schreiben geht es im nächsten Schritt zum Lesen des eigenen Geschriebenen vor Zuhörern und zu seiner Wahrnehmung: Wie werden meine Gedichte aufgenommen? Ich schreibe zwar in erster Linie für mich, trotzdem möchte ich natürlich anderen die Ergebnisse meiner Arbeit zeigen, vorstellen und wissen, wie sie ankommen. Den Poeten im stillen Kämmerlein - im Elfenbeinturm wie es heißt, um die Isolation eines solchen Schreibenden anschaulich zu machen - gibt es nicht (mehr), hat es wahrscheinlich nie gegeben. Zum Schreiben gehört für mich der Austausch mit anderen. Mit Freunden, in Lesekreisen, bei Lesungen, in Workshops. Ich hatte das Glück schon am Anfang meines Schreibens mit einem Freund in regem Austausch über unsere Gedichte zu stehen.

Er war der zweite Leser meiner Gedichte und umgekehrt. Dabei erfuhr ich, dass meine Gedichte durchaus nicht so verstanden werden müssen, wie ich gedacht hatte.

Es ist zwar nicht so, dass Zweitleser und Zweithörer ein neues Gedicht erschaffen, aber sie verwirklichen es, wie jeder andere Leser und Hörer auch. Es ist nun nicht mehr nur beim Verfasser mit seiner Sichtweise allein, sondern quasi öffentlich. Und damit ist es offen für alle möglichen Betrachtungsweisen, Interpretationen, Phantasien, Träume. Dabei können verschiedene Gesichtspunkte eine Rolle spielen; so der Eindruck den der Vortragende macht, eigene Erfahrungen, Vorurteile, die Biographie der Autorin bzw. des Autors, die Qualität des Gedichts usw.

Natürlich ist die Qualität nicht unerheblich für die Beurteilung. Es ist nicht meine Absicht, hier mal eben kurz Kriterien für die Beurteilung von Gedichten zusammenzustellen. Soviel jedoch: Das Gedicht ist keine geschlossene Veranstaltung. Es ist offen für alles Sagbare sowie Schreibbare und auch offen dafür, wie es geschrieben wird. Das gilt besonders für den in unserer Zeit von den meisten Dichterinnen und Dichtern bevorzugten freien Vers. Dennoch gibt es Merkmale, an denen man erkennen kann, wie gelungen ein Gedicht ist. Hier seien einige genannt: Rhythmus, Bilder, Metaphern, Wortschöpfungen, sprachliche Stimmigkeit, Pointen...Jedenfalls würde die Beliebigkeit nach meiner Meinung zu weit getrieben zu behaupten: Es ist Ansichtssache, ob ein Gedicht gelungen ist oder nicht.

Die Verstehensebene für das Gedicht hat sich mit der Entfernung vom Autoren erweitert. Das ist nicht verwunderlich angesichts der Bedeutungsbreite und Verknüpfungsmöglichkeiten der Buchstaben, Silben, Wortsplitter, Wörter, Sätze und von Sprache überhaupt. Ich vermeide hier bewusst den Begriff „Komplexität", der nach meiner Meinung mitunter unscharf und geeignet ist, im Allgemeinen zu bleiben. Es ist nicht verwunderlich, aber doch einem Wunder ähnlich, sieht man auf die unerschöpfliche Quelle, aus der auch unsere Gedichte hervorsprudeln. Wirft man einen Blick auf die sozialen Medien, scheint das Wort „sprudeln" nicht unpassend, wie im folgenden zu lesen sein wird.

Ansichten über Lyrik und ihre Aussichten

Ich habe in den letzten Jahren schon mehrere Male sagen hören, noch niemals seien so viele Gedichte geschrieben und veröffentlicht worden wie heute. Das kann gut sein, dachte ich dann. Aber daraus zu schließen, das seien Anzeichen eines heraufziehenden Lyrikbooms, ist mir nicht in den Sinn gekommen.

Doch vor einigen Monaten hörte ich erstaunt, wie in einem Radio-Interview des NDR Kultur (Das Gespräch, am 13.2.2022) die Literaturwissenschaftlerin Claudia Benthien, Professorin für neuere deutsche Literatur an der Universität Hamburg, behauptete, es gebe einen Lyrikboom. Sie habe es sich zur Aufgabe gemacht, mit einer Forschungsgruppe „Die Lyrik der Gegenwart und ihre medialen Präsentationsformen" zu untersuchen.

Die am Projekt beteiligten Wissenschaftlerinnen und Wissenschaftler haben nichts weniger vor als durch ihre Arbeit auch einen neuen Lyrikbegriff zu entwickeln, ihn aber mindestens erheblich zu erweitern.

Beteiligt sind Wissenschaftlerinnen und Wissenschaftler aus der Medien-, Literatur-, Theater-, Sprech- und Filmwissenschaft. Das Hauptinteresse der Forschenden gilt der *Lyrik im digitalen Zeitalter*. Damit richtet sich ihr Blick vor allem auf die Erscheinungsformen der Lyrik in den *sozialen Medien*. Der Begriff *Soziale Medien* ist ein sehr weiter. Im Interview bezieht sich Claudia Benthien vor allem auf *Instagram* und *Twitter*, am Rand auch auf *Youtube*.

In den *neuen Strömungen* der Lyrik seien drei Schwerpunkte ausgemacht worden:

> Lyrik + performance
> Lyrik + Musik
> Lyrik + visuelle Kultur

Die Forscherin sagt weiter, sie sehe zwei Richtungen der heutigen Lyrik: *die neue Garde in den sozialen Medien und die Autoren, die (meistens) bewusst nicht in den sozialen Medien auftreten, sondern in Anthologien und Büchern veröffentlichen.*

Die zahlenmäßig große Nutzung der *sozialen Medien* für Gedichtbeiträge erklären die Forscherinnen damit, dass *die Hürde wegfalle, einen Verlag suchen zu müssen.* Die Poeten *könnten gleich loslegen.* Lyrik biete sich insofern an, *da sie kurz und ästhetisch einfach zu gestalten* sei. Das sei auch eine *Demokratisierung, da es sich um eine bewusste Abwendung vom elitären Verständnis von Lyrik* handele.

Es gibt in dem Interview auch einen Seitenblick auf die Qualität der lyrischen Produkte in den sozialen Medien: Zwar seien die Gedichte in den *sozialen Medien ein bisschen naiv und oftmals schlicht* (hier gibt Benthien wieder, was die von der Forschungsgruppe eingeladene englische *Insta-Poetin* Nikita Gill sagte), *aber das müssen sie auch sein, damit eine breite Masse sie rezipiert.*

Im Interview stellt Claudia Benthien fest, die neue Lyrik sei eine *Gebrauchslyrik* und: *Durch die Gebrauchslyrik in den sozialen Medien* habe die Lyrik viel mehr an Bedeutung gewonnen. Lyrik sei *irgendwie in.* Sie spricht von einem *Lyrikboom* und einem *Comeback* der Lyrik überhaupt.

Die Ergebnisse der Forschungsgruppe um Claudia Benthien sollen demnächst (in den nächsten 5 Jahren) in einer Reihe von

Büchern (mindestens 15 sind geplant) veröffentlicht werden. Das Projekt wird vom Europäischen Forschungsrat mit 2,5 Millionen Euro gefördert. (Von einer entsprechenden Förderung können die Buchautorinnen und -autoren, die den Gürtel durch Corona noch enger als ohnehin schon schnallen müssen, nur träumen. Das Veröffentlichen ist in der Regel auch mit Kosten für die Autoren verbunden).

Es ist nach meiner Meinung übertrieben, von einem zur Zeit stattfindenden Lyrikboom überhaupt zu sprechen und davon, dass Lyrik *in* sei. Allein, dass sich eine Gruppe von Forscherinnen und Forschern einer Universität so intensiv mit dem Thema *Lyrik* beschäftigt, das in ihren Fachbereich gehört, ist zunächst nicht mehr als eine kleine Aufwertung der Lyrik im Fachbereich Germanistik an dieser speziellen Universität. Die Literaturwissenschaftlerin nimmt im Interview eine klare Unterscheidung vor: Lyrik in den sogenannten *sozialen Medien* (vor allem Insta- und Twitter-Lyrik) auf der einen und Buchlyrik auf der anderen Seite. Hier die Möglichkeit, gleich loszulegen, *sich einfach und schnell zu vernetzen und*

Aufmerksamkeit zu generieren (so Claudia Benthien) – dort der Wettbewerb, die „Ochsentour". Die Lyrikszene hat sich tatsächlich gespalten. Aber den von Benthien festgestellten Boom gibt es, entgegen ihrer uneingeschränkten Behauptung, nicht in beiden Lyrikszenen. In den *sozialen Medien* ist ein *Boom* zu beobachten, im herkömmlichen, durch Verlage gefilterten (redaktionell qualifizierten und anspruchsvolleren) Bereich dagegen nicht.

Laut Claudia Benthien gibt es Ausnahmetalente, die den Sprung von der Twitter- und Insta-Lyrik zur Buchlyrik schafften. Als Paradebeispiel für diesen Qualitätssprung nennt die Wissenschaftlerin eine kanadische Lyrikerin, die in einem Jahr über 3 Millionen Exemplare eines ihrer Gedichtbände verkauft hat. Da könne man auf jeden Fall nur *den Hut ziehen*, kommentiert enthusiastisch die Interviewerin.

Den Fragen nach inhaltlichen Unterschieden zwischen den beiden Lyrikbereichen und ihren jeweiligen spezifischen Merkmalen, wie ihrer Qualität, weicht Benthien aus. Oder sie nennt als „Vorzeigepoetin" Nora Gomringer. Aber diese Poetin

wird von der Forscherin ziemlich willkür-
lich zum Bereich der sozialen Medien ge-
zählt, weil sie auch bei Poetry Slams auf-
tritt. Warum sie die Poetry-Slam-Szene für
die *Sozialen Medien* vereinnahmt, begrün-
det Benthien nicht. Dabei ist der große Er-
folg von Poetry Slam schon seit Jahrzehnten
zu beobachten und nicht erst mit Instagram
und Twitter erwacht.

Zur Qualität sei hier angemerkt, dass es
bei den Produkten in den sozialen Medien,
von denen hier die Rede ist, vorwiegend
um Selbstinszenierung, den Kampf um Li-
kes, um Popularität geht.

Bei dem nach meiner Meinung infor-
mativen und weitere Überlegungen über
Lyrik anregenden Interview hatte ich Pro-
bleme damit, wie der Begriff *Demokratisie-
rung* verwendet wurde, nämlich sich von
seiner eigentlichen Bedeutung entfernend
und einem inflationären Gebrauch Vorschub
leistend. „Demokratisierung" bedeutet für
mich: Die Erweiterung der Teilnahme und
Teilhabe der Bevölkerung an politischen
Entscheidungsprozessen und Entscheidun-
gen. Dadurch, dass zum Beispiel heute in
den reicheren Ländern der Erde sehr viel

mehr Menschen als vor 100 Jahren billiger Milch und Fleisch einkaufen und sich sogar (mindestens) ein Auto leisten können, haben sie nicht automatisch mehr Mitbestimmungsrechte erhalten.

Ich teile auch nicht die uneingeschränkte Behauptung von Claudia Benthien, es gebe heute einen allgemeinen Lyrikboom. Dessen Übergreifen auf die Bereiche der Lyrikszene, die im Interview als *elitär* abgestempelt und „Buchlyrik" genannt werden, einschließlich der politischen Lyrik, habe ich noch nicht wahrgenommen. Diese Lyrik, von der ich spreche, führt zwar kein beklagenswertes Aschenbrödel-Dasein, findet aber, anders als zum Beispiel in England, am Rande des Literaturbetriebes statt. Ihre Wertschätzung lässt sich u.a. an der geringen Anzahl von Lyrikausgaben bekannter Verlage und am armseligen Bestand im nicht digitalen Buchhandel ablesen.

Im nicht digitalen Buchhandel, in dem ein *Boom* auch sichtbar werden müsste, findet ein Lyrikboom, nicht nur nach meinen Beobachtungen, nicht statt. Es gibt zwar seltene, sehr zu begrüßende Ausnahmen; doch suche ich in einer Buchhandlung nach der

Lyrikecke, dann ist das in der Regel ein Eck-chen. Ein Meter Lyrik (allenfalls), umrahmt von mehreren Regalen Esoterik. Fragt man Geschäftsinhaber und Angestellte, warum denn das Angebot so kümmerlich sei, lautet die Antwort, es gebe keine Nachfrage. Man muss nicht Betriebswirtschaft studiert haben, um zu wissen: Die Nachfrage wird gemacht. u.s.w.

Im Buchladen

Erschnüffel Trüffel Büchernase
wie ein Wildschwein mit Gespür
gase gase ohne Pardon bei Affenberg
und Bohlen von verweile nicht
wo Märchen stehn und Politik
sich drängelt dicht an dicht mit
dem ehrlichen Gesicht verzinkt
und zugeklebt steh langsam stille
hier nahn sich sanfte Töne
Wellness Lebenshilfepille
da sind die Dichter nicht mehr weit
in der Tat am Anfang war das Wort
und Goethes Herrlichkeit schimmert blau

vom letzten Bord ganz unten
neben Rilke Ringelnatz und Rau
der steht zwar nicht ganz richtig
fremd wie Der Blaue Boll er macht
das dünne Dutzend aber voll:
nicht mal nen halben Meter Lyrik
im Regal und fast alles anno dunnemal!

2007

Das ist keinesfalls ein Grund zum Jammern. Lyrik hatte schon seit jeher keinen leichten Stand. Und ein Geschäft ist damit nicht zu machen, am allerwenigsten von den Autorinnen und Autoren.

Es wird heute mehr über Lyrik geschrieben und es wird mehr Lyrik veröffentlicht als noch vor 50 oder 100 Jahren. Das hat verschiedene Gründe. So ist die Schulpflicht erweitert und verlängert worden; es gibt heute nicht mehr so viele Analphabeten in Deutschland. Außerdem hat sich die Medienlandschaft stark verändert, nicht zuletzt durch die sozialen Medien. Aber deshalb von einem Lyrikboom zu sprechen ist arg übertrieben. Gedichteinstreusel in Radiosendungen als schmückendes Beiwerk (wie „Lauter Lyrik" im NDR Kultur) und

153

gelegentliche Besprechungen von Gedicht-
bänden im öffentlich-rechtlichen Rundfunk
(beispielsweise im Deutschlandfunk und in
NDR Kultur) und bei den Freien Radio-
sendern sind sehr erfreulich, aber keine
Zeichen für ein Hervortreten der Lyrik aus
ihrem Schattendasein. In welchen Zeitun-
gen findet sich ab und zu ein Gedicht (au-
ßer in der TAZ oder der ZEIT)? Allenfalls,
wenn es um Skandalisierung geht wie bei
einem Gedicht von Günter Grass anlässlich
seines Prosagedichtes „Was gesagt werden
muss" (2012), das ihm u.a. ein Einreisever-
bot nach Israel einbrachte, oder einem Bal-
lyhoo wie dem politisch-gesellschaftlichen
Großereignis (der Inauguration des neuen
amerikanischen Präsidenten Joe Biden).

Bei der zutage tretenden öffentlichen
Aufmerksamkeit für den Auftritt der Lyri-
kerin Amanda Gorman mit ihrem Gedicht
The hill we climb diente die Lyrik vor allem
als Vehikel für den Transport der Botschaft
an die US-Amerikanische Bevölkerung
und die Welt, wie wichtig dieser poli-
tische Umbruch sei und dass es von nun
an aufwärts gehen werde. Interessanter als
dieses Rampenlicht-Ereignis schien mir die

sich anschließende monatelange aufgeregte Diskussion darüber, welcher Abstammung derjenige sein müsse bzw. nicht sein dürfe, der dieses Gedicht übersetzen dürfe. Die hatte mit Lyrik zwar überhaupt nichts mehr zu tun, hat aber der Popularität von Lyrik wahrscheinlich auch nicht geschadet.

Wie wird Lyrik aufgenommen?
Algorithmen gibt es dafür noch nicht; der Kreis der Interessenten ist nicht groß und vor allem nicht geschäftsträchtig genug. Die Rezeption hängt vom jeweiligen Interesse, von Vorbildung, Voreinstellungen, Lese- und Hörgewohnheiten, Erfahrungen ab. Je nachdem an welcher Stelle eines angenommenen „Gedichtverständnisstrahls" jemand sich befindet, hat er seinen persönlichen Zugang. Wer Gedichte liest und hört, ist auf seine eigenen Erfahrungen, sein eigenes Empfinden angewiesen. Für manche der Lyrik aufgeschlossen Gegenüberstehende herrscht noch immer die Einstellung vor, zu einem richtigen Gedicht gehöre einfach der Reim. Reimgedichte sind leichter zu verstehen und ihr Klang wird als angenehm empfunden. Vielleicht liegt hier eine der

Ursachen für Gefühle von Fremdheit und die teilweise anzutreffende Ablehnung neuer Klänge und Formen. Auf eine solche Ablehnung stieß auch schon Friedrich Gottlieb Klopstock nach der Veröffentlichung seiner *freirhythmischen Gedichte,* die für die damalige Lyrik etwas völlig Neues waren. Die Gedichte waren ungereimt und hatten für die einzelnen Verse wechselnde Versmaße. Ein Kritiker schrieb (ca. 1785): „Wer will es denn wagen, diese Gebilde noch Gedichte zu nennen. Sein Geschmack müsste völlig verdorben sein. Ohne Reime schreiben diese Schreiberlinge und nennen´s dann Gedichte. Dazu fehlt ihren Wörtern oft auch der Zusammenhang …"[1]

Um nicht missverstanden zu werden: Der Reim ist ein wunderbares Stilmittel, um ein Gedicht zu schreiben. Es gehört viel Können und Erfahrung dazu, nicht in den Sog der großen Poeten und Poetinnen der

[1] Den Hinweis und das Zitat habe ich einem Aufsatz in Westermanns Pädagogischen Beiträgen (ca. 1967) entnommen: Max Liedtke: Texte Helmut Heißenbüttels im Deutschunterricht der Hauptschule.

Vergangenheit zu gleiten (wie zum Beispiel Eichendorff), sondern entsprechend unserer heutigen Gesellschaft, Lebenswirklichkeit und Sprache in Reime zu setzen.

Mitunter versperrt vielleicht auch ein falsches Herangehen an Gedichte den Zugang. Dazu kann die Frage gehören: Was will uns der Dichter oder das Gedicht sagen? Diese generationenlang eingeübte schulische Herangehensweise an Gedichte (teilweise noch Praxis in der 2. Hälfte des vorigen Jahrhunderts) kann den Zugang auch erschweren. Dabei gehört zu einem Gedicht doch gerade, dass es nicht alles sagt, offen für die Kreativität und Phantasie von Leser und Hörer bleibt. Es hat seine eigene Wirkung und Wirklichkeit, bei der es nicht darauf ankommt, seinen Sinn möglichst schnell und tief zu ergründen, einen Hintergrund zu entdecken.

Einen guten Rat, wie man ein Gedicht lesen sollte, fand ich in einem Buch von William Sieghart: „Don´t read the poem like you would a newspaper or a novel."[2]

Es reicht also nicht, ein Gedicht im Schnelldurchgang nur einmal zu lesen, will man einen Zugang finden, es für sich öffnen. Wie er das im einzelnen handhabt, finde jeder Leser selbst heraus.

Es gibt Gedichte, für deren Verständnis es kaum ausreichend zu sein scheint, Literaturwissenschaft studiert zu haben, die eher einem erlesenen Kreis zugänglich sind. Spezialwissen kann allerdings auch eine Verständnis-Sperre sein. Das klingt vielleicht paradox, doch: Muss ich ganz genau verstehen, was gemeint ist, wenn ich versuche, ein Gedicht mit meinen Vorstellungen zu erweitern, es mir anzueignen? Manchmal habe ich von einem Leser eines meiner Gedichte eine Deutung erfahren, an die ich nie gedacht hätte.

Wir haben es gerade bei der Lyrik mit den tiefgründigsten Feinheiten der Sprache zu tun, mit dem, was die Literaturwissen-

[2] Das Zitat (deutsch: Lies das Gedicht nicht wie eine Zeitung oder einen Roman) habe ich dem einleitenden Text „How to read a Poem" des Buches „The Poetry Pharmacy Returns (Die Poesie-Medizin kehrt zurück)" von William Sieghart entnommen.

schaftlerin Claudia Benthien im Interview eine sie erstaunende *Wunderkammer* nennt. Ich stelle mir eher eine Quelle vor, eine Quelle aus deren Tiefe kaum millimetergroße Bernsteinsplitter auftauchen.[3]

Ziehbrunnen

Zur stillgelegten Synapse
in den Irrgarten gestriger Bilder
reise ich zufällig:
Im aufgewirbelten Staub
verband
die Wimpernschlagbrücke
Schatten
deckungsgleich.

2007

---

[3] Heute haben sehr viel mehr Menschen als noch im 18. und 19. Jahrhundert die Möglichkeit, durch das Lesen, Schreiben und Hören von Gedichten und Geschichten sich und die Welt besser zu verstehen.

Gelesene Literatur

Octavio Paz: Die andere Zeit der Dichtung,
Suhrkamp Verlag, Frankfurt a.M. 1989

K. Schreiber (Schryber): Der schreiben-
de Leser (Rezension über Günter Kunerts
Buch: Das letzte Wort hat keiner). In: KULT
33, 2011, S. 29 f.

William Sieghart: The Poetry Pharmacy
Return, Penguin Books, 2019

Maximilian Zander: Poesienotate.
In: SIGNUM (Hrsg. Norbert Weiß), 14. Jg.,
Heft 2, Dresden 2013, S. 113–117